Inhalt

Branchenreport LEBENSMITTEL Ausgabe 1/2011

Kernthesen

Beitrag

Zahlen und Fakten

Weiterführende Literatur

Impressum

GENIOS BranchenWissen Nr. 05/2011 vom 04.05.2011

Branchenreport LEBENSMITTEL Ausgabe 1/2011

Markus Hofstetter

Kernthesen

- Nach dem Umsatzeinbruch im Katastrophenjahr 2009 erzielte die deutsche Ernährungsindustrie 2010 wieder ein Umsatzplus, Wachstumstreiber war der Export.
- Der deutsche Lebensmitteleinzelhandel verzeichnete nach einem Umsatzrückgang 2009 wieder einen Zuwachs, Edeka bleibt der größte Händler.
- Im Top 10 Ranking der größten Lieferanten des deutschen Lebensmitteleinzelhandels kam es nur zu kleineren Verschiebungen.

Beitrag

Ernährungsindustrie wächst durch Exporte

Die Ernährungsindustrie erzielte 2010 laut der Bundesvereinigung der Deutschen Ernährungsindustrie (BVE) einen Umsatz von 149,5 Milliarden Euro. Das entspricht einem Plus von 1,2 Prozent gegenüber 2009 mit 147,7 Milliarden Euro. Grund zur Euphorie besteht laut BVE bei den Lebensmittelherstellern allerdings nicht. Da sich der harte Preiswettbewerb im Lebensmitteleinzelhandel auch 2010 fortgesetzt hat, ist der Umsatz real um 0,2 Prozent zurückgegangen. 2010 hat die Branche 7 500 neue Arbeitsplätze geschaffen. Mit nun 543 700 Beschäftigten ist die Ernährungsindustrie nach Angaben des Branchenverbands der viertgrößte Industriezweig in Deutschland.

Die Exporterlöse konnten 2010 nach dem schwachen Jahr 2009 wieder an Dynamik gewinnen. Mit einem nominalen Exportzuwachs von 9,2 Prozent stiegen die Ausfuhren 2010 auf ein Rekordniveau von 42,9 Milliarden Euro. Zu den wichtigsten Märkten gehören in der Europäischen Union Frankreich, Italien, die Niederlande, Österreich, Spanien und

Großbritannien. Außerhalb der Europäischen Union sind China, Australien, Japan, die USA und Russland die wichtigsten Abnehmer.

Laut einer aktuellen Umfrage des BVE rechnen zwei Drittel der Unternehmen in 2011 mit steigenden Umsätzen. Gründe sind eine positive Konsumstimmung und steigende Einkommenserwartungen. Für 2011 wird ein nominales Umsatzplus von 2,5 Prozent erwartet. Sorgen bereiten der Branche vor allem die Rohstoffkosten, rund 80 Prozent der Lebensmittelhersteller gehen von steigenden Preisen aus. (1), (2), (3), [Abb. 1]

Alkohol frei Getränke (AfG) - Mineralwasser und Erfrischungsgetränke im Plus

Nach einer vorläufigen Hochrechnung des Verbands Deutscher Mineralbrunnen (VDM) wurde in 2010 der Absatz bei den Mineral- und Heilwässern sowie Mineralbrunnen-Erfrischungsgetränken gegenüber dem Vorjahr gehalten. Im Jahr 2010 wurden knapp zehn Milliarden Liter Mineral- und Heilwasser abgefüllt. Der Pro-Kopf-Verbrauch von Mineralwasser in Deutschland blieb mit 131 Liter weiterhin auf einem sehr hohen Niveau, im Jahr 2000 waren es noch rund 100 Liter. Der Marktanteil der Wässer mit wenig Kohlensäure stabilisierte sich bei rund 43 Prozent, der von Mineralwasser ohne Kohlensäure stieg auf über zehn Prozent. Mit einem Marktanteil von 44 Prozent war der klassische Sprudel auch 2010 am meisten gefragt. Mineralwasser mit Aroma verzeichnete einen Marktanteil von etwa zwei Prozent, Heilwasser von einem Prozent.

Wie sieht es bei den Erfrischungsgetränken aus? Mit 118,2 Liter pro Kopf wurden 2010 in Deutschland laut Wirtschaftsvereinigung Alkoholfreie Getränke (wafg) so viele Erfrischungsgetränke getrunken wie nie zuvor. 2009 lag der Pro-Kopf-Verbrauch noch bei 117 Liter. Ein Grund ist die steigende Angebotsvielfalt, die von den Konsumenten gut angenommen wird. Beispiele sind kalorienfreie Getränke, Sport- und Near Water-Getränke oder Energydrinks. Die Ertragssituation der Hersteller von Erfrischungsgetränken ist aber weiterhin schwierig. So sank nach Angaben des Statistischen Bundesamtes der Verbraucherpreis für koffeinhaltige Erfrischungsgetränke durchschnittlich um zwei Prozent. Andererseits sieht sich die Branche ständig steigenden Ausgaben für Rohstoffe, Transport und Produktion gegenüber. (4), (5), (6)

Biermarkt wieder rückläufig

Der deutsche Biermarkt war auch 2010 wieder rückläufig. Nach Angaben des Deutschen Brauer-Bundes wies die Branche für 2010 ein Absatzminus von 1,7 Prozent auf 98,3 Millionen Hektoliter aus. Hatte jeder Deutsche im Jahr 2000 durchschnittlich noch rund 120 Liter Bier konsumiert, waren es 2010 nur noch knapp über 100 Liter. Dass das Minus so klein blieb, hing unter anderem mit dem wachsenden Export zusammen. Nach Verbandsangaben stiegen die Ausfuhren in Länder der Europäischen Union um 2,6 Prozent und in Drittländer um 17,7 Prozent. Insgesamt lag der Exportanteil von 15 Prozent.

Um zusätzliche Umsätze zu erzielen, haben sich viele Bierbrauer mit einem Sortiment an alkoholfreien Getränken ein zweites Standbein geschaffen. Die alkoholfreien Biervarianten stellen aufgrund der hohen Zuwachsraten eine große Hoffnung für die Branche dar. Denn alkoholfreies Bier ist kein reines Verzichtprodukt mehr, sondern steht vielmehr für einen Lifestyle. Dabei spielt vor allem der Health- und Wellnesstrend eine große Rolle. Bei den Biermischgetränken, einst als Retter des Biersegments gepriesen, sind dagegen Absatzrückgänge festzustellen. Ausnahmen sind das traditionelle Radler und das Cola-Bier. Beide sind feste Größen, deren Absatz sich weitestgehend stabil hält. (7), (8), (9)

Tabakmarkt: nur Feinschnitt, Zigarren und Zigarillos mit Absatz- und Umsatzplus

In Deutschland sinkt der Tabakwarenabsatz kontinuierlich. 2010 wurden nach Angaben des Statistischen Bundesamtes Tabakwaren mit einem Kleinverkaufswert (Verkaufswert im Handel) von 22,5 Milliarden Euro versteuert. Das waren rund 257 Millionen Euro oder 1,1 Prozent weniger als 2009. Der Wert der Tabaksteuer sank im gleichen Zeitraum um 1,5 Prozent auf 13,36 Milliarden Euro. Im Vorjahr hatte der Staat noch rund 200 Millionen Euro mehr an Tabaksteuern eingenommen.

Wie sieht die Entwicklung in den unterschiedlichen Tabakwarensegmenten aus?
2010 wurden 83,6 Milliarden Zigaretten versteuert, gegenüber 2009 entspricht dies einem Rückgang von 3,5 Prozent oder drei Milliarden Stück. Der versteuerte Verkaufswert sank um 2,2 Prozent von 19,6 Milliarden Euro in 2009 auf rund 19,2 Milliarden Euro in 2010. Feinschnitt dagegen verzeichnete sowohl ein Absatz- als auch Umsatzplus. Laut dem

Statistischen Bundesamt erhöhte sich die versteuerte Menge um 4,4 Prozent auf 25 486 Tonnen in 2010, der Wert erhöhte sich um sechs Prozent auf 2,58 Milliarden Euro. Die Menge an versteuerten Zigarren und Zigarillos erhöhte sich von 2009 auf 2010 um fünf Prozent auf vier Milliarden Stück. Beim versteuerten Verkaufswert verzeichnete das Segment eine Steigerung von vier Prozent auf 655,7 Millionen Euro. Rückläufig war die versteuerte Absatzmenge von Pfeifentabak. Von 2009 auf 2010 wurde ein Minus von 6,3 Prozent auf 756 Tonnen verzeichnet, der versteuerte Verkaufswert sank um 4,8 Prozent auf 83,7 Millionen Euro.

In der Tabakbranche ist man gespannt, wie sich die im Dezember 2010 vom Bundestag beschlossene Erhöhung der Tabaksteuer in fünf Schritten im Zeitraum 2011 bis 2015 auswirken wird. Die erste Steuererhöhung erfolgte zum 1. Mai 2011. Die Regierung geht davon aus, dass sich die Tabaksteuereinnahmen in 2011 um 200 Millionen Euro erhöhen werden. Das Einnahmeplus soll dann jährlich weitersteigen, bis auf eine Milliarde Euro in 2015. Die Steuererhöhungen sollen nach Regierungsangaben bei Zigaretten eine jährliche Preisanpassung von rund vier bis acht Cent pro 19er-Packung Zigaretten erforderlich machen. (10), (11), (12)

Lebensmitteleinzelhandel wieder im Plus

Das Jahr 2010 hat den Lebensmitteleinzelhandel auf die Erfolgsspur zurück gebracht. Nachdem 2009 noch ein Minuszeichen vor der Umsatzentwicklung stand, lag die Branche 2010 wieder im Plus. Insgesamt wurden laut der Marktforscher von TradeDimensions 223,8 Milliarden Euro umgesetzt, ein Zuwachs um rund fünf Milliarden Euro oder 2,3 Prozent gegenüber 2009. Nicht jedes Prozent ist dabei einem gesteigerten Absatz zu verdanken, Preiserhöhungen führten ebenso zu diesem Anstieg.

Das Gros des Branchenumsatzes erwirtschaften die Top 30 der Branche. Sie stehen für fast 98 Prozent des Gesamterlöses. Edeka baute in Deutschland den Vorsprung laut dem aktuellen Ranking der größten Lebensmitteleinzelhändler der Lebensmittelzeitung weiter aus. Der Umsatz des Hamburger Unternehmens legte von 2009 auf 2010 um 3,8 Prozent auf 45,3 Milliarden Euro zu. Kein anderes Unternehmen aus dem Spitzenfeld der Branche wächst demnach schneller. Ebenso unangefochten wie Edeka auf Platz eins residiert Rewe mit einem Erlös in Höhe von 37,5 Milliarden Euro auf Position zwei. Der Umsatzanstieg fiel mit 3,3 Prozent etwas geringer aus als beim Spitzenreiter. Betrachtet man nur die Food-Umsätze, spielt Edeka im deutschen Lebensmitteleinzelhandel in einer eigenen Liga. Das Unternehmen liegt dann um knapp 14 Milliarden Euro vor der zweitplatzierten Rewe. Beachtliche Umsatzsprünge erzielten im vergangenen Jahr die beiden Bio-Händler Dennree und Alnatura. Sie erlösten 451 Millionen Euro (plus 11,4 Prozent) und 442 Millionen Euro (plus 10,5 Prozent). Damit erreichten sie im Ranking des Lebensmitteleinzelhandels die Plätze 26 und 27.

Wer sind die beliebteste Lebensmitteleinzelhändler der Bundesbürger?
Laut dem Markenmonitor "Brandindex" des Marktforschungsunternehmen Yougov war Edeka im Februar mit im Schnitt 67,4 Punkten der beliebteste Einkaufort für Lebensmittel. Rewe erreichte im Beobachtungszeitraum im Durchschnitt 66,8 Punkte. Aldi lag mit 65,7 Index-Punkten auf Rang drei. Im Vorjahr standen noch Aldi gemeinsam mit Kaufland an der Spitze des Markenrankings. Die Positionsverschiebung wird auf das Wiedererstarken der klassischen Supermärkte zurück geführt. Außerdem können die Verbraucher laut Yougov das Preis-Leistungs-Verhältnis von Edeka und Rewe immer besser beurteilen. Dazu beigetragen haben auch die hohen Werbeausgaben von Edeka und Rewe. (17), (18), [Abb. 2]

Bio: Umsatzplus trotz sinkender Verkaufspreise

Der Bio-Markt verzeichnete 2010 laut dem Bund Ökologische Lebensmittelwirtschaft (BÖLW) ein Umsatzplus von zwei Prozent und erreichte ein Marktvolumen von 5,9 Milliarden Euro. Bio erzielte damit im Lebensmitteleinzelhandel laut Nielsen einen Umsatzanteil von 3,6 Prozent. Der Umsatzzuwachs ergab sich trotz zum Teil sinkender Verkaufspreise.

Der Trend setzte sich fort, wonach Sortimentsbereinigungen und Preissenkungen bei den Discountern ein höheres Umsatzplus bremsen. Einige Discounter, vor allem Lidl und Penny, haben ihr Bio-Segment deutlich reduziert. Bei Lidl beträgt der Bio-Umsatzanteil nun rund zwei Prozent, gegenüber drei Prozent bei Aldi Süd.

Um jedoch von der steigenden Nachfrage profitieren zu können, muss der konventionelle Lebensmitteleinzelhandel weiter daran arbeiten, das Vertrauen der Verbraucher zu gewinnen. Zwar ist der Supermarkt nach wie vor der wichtigste Absatzkanal für Bio-Produkte. Aber nur 16 Prozent der Bio-Käufer vertrauen laut einer Dialego-Studie darauf, dass Bio-Nahrungsmittel in Supermärkten auch tatsächlich Bio-Qualität besitzen. Damit liegen die

Vollsortimenter unverändert nur knapp vor den Discountern (elf Prozent) und weit hinter den übrigen Vertriebskanälen, den Bio-Läden und Bio-Supermärkten (52 Prozent), Erzeugern (50 Prozent), Reformhäusern (34 Prozent) und Wochenmärkten (24 Prozent). [13], [14], [15], [16]

Wenig Bewegung bei den Lieferanten

Im Ranking der Top 10 der umsatzstärksten Lieferanten des Lebensmitteleinzelhandels in Deutschland befinden sich 2009 die gleichen Namen wie im Vorjahr. Es kam nur zu kleinen Verschiebungen. Dauerspitzenreiter bleibt Nestlé. Es folgt Oetker, das Unternehmen belegte 2008 noch Platz drei. Von Rang vier auf Platz drei schob sich Procter & Gamble vor. Der Fleischriese Vion hingegen fiel im Ranking von Rang zwei auf Platz vier ab. Tchibo blieb unverändert auf Platz fünf. B+C Tönnies, der zweite Fleischriese unter den Top 10, steigerte sich von Rang sieben auf Platz sechs. Coca-Cola machte zwei Plätze gut und liegt nun auf Rang sieben. Dahingegen verlor Cobana Fruchtring zwei Plätze und muss sich nun mit Rang acht begnügen. Von Platz acht auf neun fiel Unilever, Südzucker blieb unverändert auf Rang zehn.

Organisches Wachstum ist in der Branche kaum noch möglich. Wenn man die Top 100 der umsatzstärksten Lieferanten betrachtet, ergaben sich die größten Verschiebungen durch Akquisitionen und Verkäufe von Unternehmen. (19), [Abb. 3]

Trends

Einkaufstag: Freitag wird beliebter

Beliebtester Einkaufstag der Deutschen ist und bleibt der Samstag: Rund 22 Prozent aller Umsätze mit Gütern des täglichen Bedarfs lassen an diesem Tag die Kassen klingeln. Der Freitag hat jedoch aufgeholt und 2010 ebenfalls die Schwelle von zwanzig Prozent Umsatzanteil überschritten. Auch der Donnerstag legte in der Umsatzbedeutung zu. Das alles ging auf Kosten der Umsätze in der ersten Wochenhälfte: Montag, Dienstag und Mittwoch mussten Anteile abgeben. Der traditionell umsatzschwache Dienstag war auch 2010 mit einem Umsatzanteil von 12,9 Prozent das Schlusslicht. (20), [Abb. 4]

Preisorientierung beim Lebensmittelkauf rückläufig

Laut der Nestlé Studie 2011 zum Thema Essen und Trinken in Deutschland geht die ausgeprägte Preisorientierung der Verbraucher bei Lebensmitteleinkäufen zurück. Nicht mehr 48 Prozent wie vor zwei Jahren, sondern nur noch 39 Prozent der Verbraucher achten beim Einkauf auf niedrige Preise. Dieser Trend zeigt sich gerade auch in den unteren Einkommensgruppen. Heute stimmen noch 54 Prozent der Verbraucher mit einem Haushaltsnettoeinkommen von unter 1 500 Euro der Aussage zu, dass niedrige Preise beim Lebensmittelkauf sehr wichtig sind. 2009 waren dies noch 64 Prozent. (21)

Zahlen & Fakten

Abbildung 1: Die deutschen Ernährungsindustrie

Konjunkturdaten der Ernährungsindustrie		
	2010*	2009
Umsatz nominal	149,5 Mrd. ¬ (+1,2%)	147,7 Mrd. ¬
davon Inland	106,6 Mrd. ¬ (-1,8%)	108,5 Mrd. ¬
davon Ausland	42,9 Mrd. ¬	39,2

	(+9,2%)	Mrd.¬
Reale Umsatzentwicklung	-0,2%	-1,1%
Auslandsanteil am Umsatz	28,7%	26,5%
Betriebe	5 890 (+1,2%)	5 820
Beschäftigte	543 700 (+1,4%)	536 200
Verkaufspreise Ernährungsindustrie		
Inland	+0,5%	-3,8%
Ausland	+4,8%	-5,0%
Verkaufspreise Nahrungsmittel und alkoholfreie Getränke	+1,1%	+0,4%

* vorläufige Schätzung Veränderungen gegenüber dem Vorjahr in Klammern Quelle: Statistisches Bundesamt, BVE Entnommen aus: afz - allgemeine fleischer zeitung, 4/2011, S. 2, (3)

Abbildung 2: Top 10 im deutschen Lebensmitteleinzelhandel

Rang	Unternehmen	Gesamtumsatz 2010 in Mio. Euro*	Veränderung zum Vorjahr in Prozent	Anteil Food in Prozent
1	Edeka-Gruppe	45 309	3,8	90,2
2	Rewe-Gruppe**	37 487	3,3	71,8
3	Metro-Gruppe	30 235***	-1,5	38,6
4	Schwarz-	28 400***	3,7	81,1

	Gruppe			
5	Aldi-Gruppe****	24 500	1,6	82
6	Lekkerland	7 900	0	99
7	Tengelmann-Gruppe	7 266	0,4	30,7
8	Schlecker	4 300***	-8,5	92
9	Globus	4 249	1,7	51,5
10	dm	4 074	8,7	90

* Bruttoumsätze inklusive Mehrwertsteuer ** Rewe-Gruppe: Abgabe B2B-Geschäft (C+C Foodservice) 2011 an Coop Schweiz *** Schätzungen von Trade Dimensions **** Aldi-Gruppe: Neubewertung der Vorjahresumsätze aufgrund vorliegender Bilanzen Quelle: Trade Dimensions, Lebensmittelzeitung Entnommen aus: afz - allgemeine fleischer zeitung, 13/2011, S. 5, (17)

Abbildung 3: Top 10 Lieferanten - die größten Partner des deutschen LEH in 2009

Rang	Unternehmen	Umsatz in Mio. Euro	Veränderung zum Vorjahr in Prozent	Gruppenumsatz in Mio. Euro
1	Nestlé (1)	3 438	k.V.	71 550*
2	Oetker (2)	3 038	-4,7	4 353

3	Procter & Gamble	2 900*	k.V. (3)	64 660*
4	Vion Food Group	2 851	-10,9	9 040
5	Tchibo (4)	2 370*	k.V.	3 160
6	B+C Tönnies	2 300	6,2	4 000*
7	Coca-Cola	2 010*	0	22 290*
8	Cobana Fruchtring	2 008*	-7,8	2 231
9	Unilever**	2 000*	0	39 800
10	Südzuckergruppe	1 710	-9,3	5 718

k.V.: kein Vergleichswert * geschätzt ** inklusive Exporte (1) nicht vergleichbar wegen Devestition Buitoni (2) inklusive Verbrauchssteuer bei Radeberger und Henkell, ohne Reedereien (3) wegen Verkauf P&G Pharmaceuticals (4) inklusive Nonfood Quelle: Lebensmittel Zeitung Entnommen aus: afz - allgemeine fleischer zeitung, 48/2010, S. 5, (19)

Abbildung 4: Der Samstag bleibt der beliebteste Einkaufstag der Deutschen

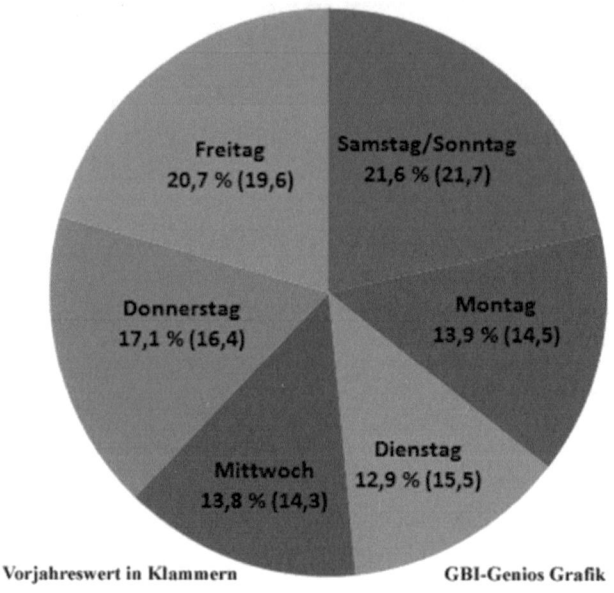

Quelle Nielsen Entnommen aus: afz - allgemeine fleischer zeitung, 11/2011, S. 5, (20)

Weiterführende Literatur

(1) Hersteller froh über Kosumlaune
aus Lebensmittel Zeitung 03 vom 21.01.2011 Seite 014

(2) Nahrungshersteller exportieren mehr
aus Lebensmittel Zeitung 50 vom 17.12.2010 Seite 010

(3) Preissteigerungen sind unvermeidlich

aus afz - allgemeine fleischer zeitung Nr. 04 vom 26.01.2011 Seite 002

(4) Absatz von Mineral- und Heilwasser bleibt stabil
aus Brauwelt, 3/2011, S. 57-58

(5) AfG-Absatz im Allzeithoch / Erträge sinken
Durstige Bundesbürger
aus Die Tabak Zeitung vom 04.02.2011, Nr. 005/2011

(6) Preisdruck und Allzeithoch bei AfG
aus Lebensmittel Praxis Heft 03/2011, Seite 50

(7) Bierexport bietet noch Potenzial
aus Lebensmittel Zeitung 05 vom 04.02.2011 Seite 016

(8) Brauereien geben Gas
aus Rundschau für den Lebensmittelhandel Nr. 03 vom 01.03.2011 Seite 052

(9) Biergewerbe: Negativtrend hält an
aus www.lebensmittelzeitung.net vom 17.03.2011

(10) Hohe Tabaksteuer - weniger Geld für den Fiskus
Der Staat hat die Rechnung ohne den Raucher gemacht
aus Die Tabak Zeitung vom 28.01.2011, Nr. 004/2011

(11) Auch bei Feinschnitt und Ecocigarillos leichtes Plus Stabiler Zigarettenmarkt im Januar
aus Die Tabak Zeitung vom 25.02.2011, Nr. 008/2011

(12) Zigaretten: Marktführer setzen Preissignale
aus www.lebensmittelzeitung.net vom 10.03.2011

(13) Bio-Umsatzanteil auf Vorjahresniveau
aus Fleischwirtschaft 02 vom 16.02.2011 Seite 067

(14) Bio-Umsatzanteil im LEH bei 3,6 Prozent
aus afz - allgemeine fleischer zeitung Nr. 03 vom
19.01.2011 Seite 005

(15) Bio wächst doch noch
aus afz - allgemeine fleischer zeitung Nr. 08 vom
23.02.2011 Seite 005

(16) Heben Bio-Umsätze ab?
aus Lebensmittel Praxis Heft 03/2011, Seite 34

(17) Edeka platziert sich deutlich vor Rewe
aus afz - allgemeine fleischer zeitung Nr. 13 vom
30.03.2011 Seite 005

(18) Edeka und Rewe beliebter als Aldi
aus Lebensmittel Zeitung 12 vom 25.03.2011 Seite 044

(19) Mittelständler machen Plätze gut
aus afz - allgemeine fleischer zeitung Nr. 48 vom
01.12.2010 Seite 005

(20) Samstag bleibt der stärkste Tag
aus afz - allgemeine fleischer zeitung Nr. 11 vom
16.03.2011 Seite 005

(21) Studie: So is(s)t Deutschland
aus Food Service Nr.03 vom 11.03.2011 Seite 024

Impressum

Branchenreport LEBENSMITTEL Ausgabe 1/2011

Bibliografische Information der deutschen Nationalbibliothek

Die Deutsche Nationalbibliothek verzeichnet diese Publikation in der deutschen Nationalbibliografie; detaillierte bibliografische Daten sind im Internet über http://dnb.d-nb.de abrufbar.

ISBN: 978-3-7379-1884-8

© 2015 GBI-Genios Deutsche Wirtschaftsdatenbank GmbH, Freischützstraße 96, 81927 München, www.genios.de

Alle Rechte vorbehalten. Dieses Werk ist einschließlich aller seiner Teile – z.B. Texte, Tabellen und Grafiken - urheberrechtlich geschützt. Jede Verwertung außerhalb der Grenzen des Urheberrechtsgesetzes bedarf der vorherigen Zustimmung des Verlags. Dies gilt insbesondere auch für auszugsweise Nachdrucke, fotomechanische Vervielfältigungen (Fotokopie/Mikroskopie), Übersetzungen, Auswertungen durch Datenbanken oder ähnliche Einrichtungen und die Einspeicherung und Verarbeitung in elektronischen Systemen.